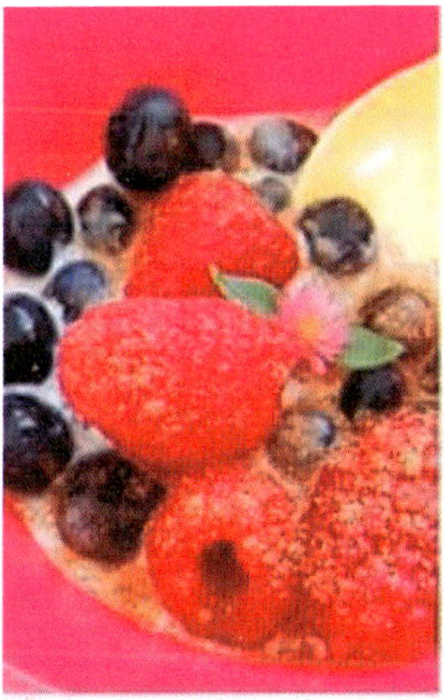

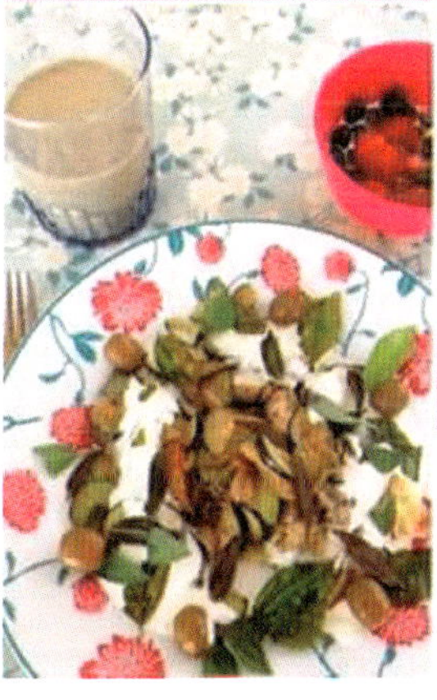

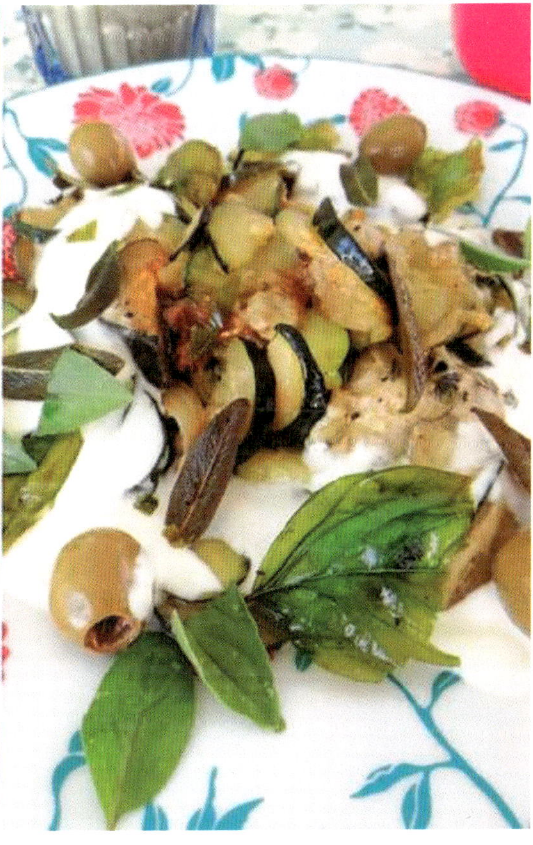

2

Vegane Rohkost –
köstlich und gesund

Autorin

Mag. Marion Martinello-Gedlicka

geb. 1968 in Wien

3 Kinder
verheiratet

Studium der Botanik an der Universität Wien
Berufserfahrung in den Bereichen Baumschule, Gärtnerei
Tagesmutter

Weitere Ausbildungen:

Reikimeisterin/Lehrerin
Diplomierte Kosmobiologische- und Blütenberaterin

Ernährungslehre
Angel Symbol Practitioner

Harfentherapeutin

Danksagung

Mein herzlicher Dank gilt
Sonja Ariel von Staden,
die mich zu diesem Buch inspiriert
und mir die wunderschönen bunten Fotos
ihrer selbst gemachten Gerichte
für dieses Buch zur Verfügung gestellt hat!

Inhalt

Vegane Rohkost – köstlich und gesund 3
   Autorin 4
   Danksagung 5
   Inhalt 7
   Grundlagen der veganen Rohkost als Ernährungsform 9
      Definition vegane Rohkosternährung 9
      Was Sie bei der veganen Rohkost beachten sollten 10
      Die Basis der veganen Rohkost 11
      Zubereitungsmöglichkeiten 12
      Warum sollten Sie sich von Rohkost ernähren 13
      Wo sind Rohkostprodukte erhältlich 13
      Vorteile der Rohkosternährung 14
      Nachteile der Rohkosternährung 16
      Kurse und Rohkostbücher für den Einstieg 16
      Fazit 17
   Warum die vegane Rohkost die perfekte Ernährung sein kann 19
      Studie vegane Rohkost 24
   Hier beantworten wir noch einige Fragen, ob die Rohkosternährung gesund ist...... 26
      Kann es durch Rohkost-Ernährung zu Blähungen kommen? 26
      Enthält Rohkost Bakterien? 26
      Rohkost als Diät? 26
      Ist die vegane Rohkosternährung ausgewogen? 28
Rezeptteil 29
   Frühstück 31
      Rohkost-Winterpudding 31
      Himbeer-Buchweizen-Rohkost-Brei (2 Portionen) 32
      Veganer Rohkost Chia-Pudding 33
      Bananen-Knuspermüsli 33
      Frischkornbrei mit Kombucha (1 Portion) 34
      Green Cooler 36
   Hauptmahlzeiten 37
      Bangkok Roh-Thai 37
      Rohe gefüllte Paprika 38

- Karottenknödel 39
- Spinat-Rahmchampignons 40
- Karottenpuffer 41
- Pastinakenpuffer 42
- Zwischenmahlzeit 44
  - Nuss-Dattel-Kugeln 44
  - Bunter Gemüsesalat mit Leinsamenknäcke 44
  - Vegane Gebratene Gemüsestäbchen 46
  - Vegane Pizzabällchen 47
  - Vegane Rohkost Erdbeer Kokosbällchen 49
  - Vegane frische Sommerrollen 49
- Nachtisch 51
  - Veganer Schokoladenpudding 51
  - Selbstgemachte rohvegane Pralinen 51
- Quellenangaben 53
- Impressum und Haftungsausschluss 55

Grundlagen der veganen Rohkost als Ernährungsform

Definition vegane Rohkosternährung

Die vegane Rohkosternährung gilt als eine alternative Form der Ernährung. Es gibt verschiedene Definitionen, grundsätzlich gilt, dass alle Lebensmittel im unverarbeiteten Zustand verzehrt werden.

Die Definition der Gießener Rohkost-Studie lautet folgendermaßen:

„Rohkost-Ernährung ist eine Kostform, die weitgehend oder ausschließlich unerhitzte pflanzliche (teilweise auch tierische) Lebensmittel enthält. Es werden auch Lebensmittel einbezogen, die verfahrensbedingt erhöhten Temperaturen ausgesetzt sind (z. B. kaltgepresste Öle), ebenso Lebensmittel, bei deren Herstellung eine gewisse Hitzezufuhr erforderlich ist (zum Beispiel Trockenfrüchte und bestimmte Nussarten)".

Bei dieser Form von Ernährung darf kein Fleisch, Fisch, Milchprodukte, Eier oder Honig zu sich genommen werden.

Was Sie bei der veganen Rohkost beachten sollten

Informieren Sie sich gut über das Thema, bevor Sie anfangen, sich von veganer Rohkost zu ernähren. Der Magen ist meist nicht daran gewöhnt, von heute auf morgen, auf eine andere Ernährung umzustellen und es kann zu Verdauungsproblemen kommen. Wenn Sie auf vegane Rohkost setzen möchten, steigern Sie langsam den Anteil der Rohkost. Sollten Sie sich nicht allein darauf verlassen wollen, in Büchern über vegane Rohkost nachzulesen, suchen Sie einen spezialisierten Ernährungsberater auf. Sie können mit ihm die Ernährungsprobleme besprechen, so dass Sie mit allen Nährstoffen versorgt werden.

Die Basis der veganen Rohkost

Die rohen Nahrungsmittel machen einen Prozentanteil von 70 aus, bis hin zu einer kompletten Ernährung nur mit rohen Lebensmitteln. Die Basis der Ernährung bilden Obst und Gemüse, Nüsse, getrocknete Früchte, Samen, Sprossen und Keime. Es ist verbreitet, dass die Lebensmittel nur auf 40 Grad erwärmt werden dürfen. Somit müssen Sie sich daran gewöhnen, keine warmen Speisen mehr zu essen. Obst und Gemüse können auch getrocknet werden und sind immer noch Rohkost. Es können auch Pralinen, Brot und Nudeln hergestellt werden. Die vegane Rohkost lässt sich heutzutage viel besser umsetzen als noch vor einigen Jahren. Allerdings ist es schwierig, sich unterwegs von veganer Rohkost zu ernähren, da nur wenige Restaurants solche Möglichkeiten anbieten. Bereiten Sie sich am besten die Mahlzeiten für den nächsten Tag vor.

Zubereitungsmöglichkeiten

Menschen, die sich in dieser Weise ernähren, nutzen vor allem Dörrgeräte, Mixer und Pürierstäbe, statt Töpfe, Pfannen oder Auflaufformen. Mit einem Mixer können auch Plätzchen und Kuchen zubereitet werden. Somit können auch Rohköstler leckere Süßspeisen fertigen. Die rohköstliche Ernährung ist frisch und hat eine reichliche Auswahl von Salaten, Gemüsenudeln bis hin zu Pralinen oder Torten.
Mehr Möglichkeiten bieten sich durch Gemüsesäfte, Nüsse und frische Salate
Smoothies sind in vielen Variationen erhältlich, wie Frucht-Smoothie oder

grüne Smoothies. Sie werden aus Obst, Gemüse und Wasser gemixt. Die enthaltenen hoch konzentrierten Nährstoffe sind dadurch, dass sie püriert werden, leicht verdaulich. Die Smoothies können leicht in den Speiseplan integriert werden, da sie zum Beispiel das Frühstück ersetzen können oder als Zwischenmahlzeit dienen.

Warum sollten Sie sich von Rohkost ernähren

Die Beweggründe für diese alternative Ernährungsform liegen vor allem im gesundheitlichen Bereich. Rohköstler meinen, dass, nicht erhitzte und kaum verarbeitete, Nahrung Allergien und Nahrungsmittelunverträglichkeiten verringert. Die Kost fördert einen gesunden, fitten und schlanken Körper.

Es ist richtig, dass rohe Lebensmittel, die nicht verarbeitet werden, viele Nährstoffe enthalten, die durch Erhitzung und Konservierung verloren gehen könnten. Zudem soll laut den Ernährungsempfehlungen viel Obst und Gemüse gegessen werden.

Wo sind Rohkostprodukte erhältlich

Die meisten Rohkostprodukte gibt es nicht nur auf Veggie-Messen zu kaufen, sondern auch in Biomärkten und Reformhäusern. Eine sehr große Auswahl gibt es zudem in veganen Supermärkten sowie Onlineshops. Die Grundlagen der rohköstlichen Ernährung finden Sie in jedem Supermarkt.

Vorteile der Rohkosternährung

Die Lebensmittel enthalten viele Nährstoffe. Zudem wird viel Obst und Gemüse konsumiert, was die Grundlage einer vollwertigen Ernährung sein sollte. Die Richtwerte von Ballaststoffen werden von Rohköstlern viel besser als von der Allgemeinbevölkerung erreicht. Dies ist gut für die Verdauung. Außerdem erhöht sich die Aufnahme sekundärer Pflanzenstoffe. Rohköstler sind meist schlanker und sehr gesundheitsbewusst. Allergien und

Nahrungsmittelunverträglichkeiten können bei der erhöhten Konsumierung von veganer Rohkost zurückgehen.

Nachteile der Rohkosternährung

Einige wichtige Nährstoffe fehlen Rohköstlern allerdings, dazu gehören Vitamin B12, D, B2 sowie Niacin und Zink, Kalzium sowie Jod. Die Vitamine A und E sowie Mineralstoffe, wie Magnesium und Eisen, werden zwar in einer ausreichenden Menge konsumiert, können allerdings vom Körper nicht bestmöglich verarbeitet werden. Es ist daher wichtig, dass Sie sich mit den Inhaltsstoffen der Lebensmittel auseinandersetzen. Der schlanke Körper von den Rohköstlern ist nicht automatisch ein gesundheitlicher Vorteil. So kann ein höherer Body-Maß-Index bei gleichem Fitnesslevel besser sein. Vor allem ältere Menschen, die Übergewicht haben, aber sportlich aktiv sind, haben laut Studien eine höhere Lebenserwartung als schlankere Menschen in ihrem Alter, die aber keinen Sport treiben.

Die Ausstattung mit Kochutensilien, wie ein Dörrgerät und Hochleistungsmixern, kann teuer sein. Zudem kosten Nüsse und Trockenfrüchte, die für die Rohkost geeignet sind, oft mehr als die verarbeiteten im Supermarkt angeboten werden.

Kurse und Rohkostbücher für den Einstieg

An Volkshochschulen werden immer mehr Kurse angeboten, die sich mit der Rohkosternährung beschäftigen. Zudem gibt es private Anbieter, achten Sie hier aber unbedingt auf die Qualität der Kursleiter. Es gibt auch viele weitere Bücher, die sich mit dem Thema Rohkost und auch Diäten beschäftigen. Wenn Sie einen tieferen Einblick in die Thematik bekommen möchten, erwerben Sie sich gerne noch weiteren Lesestoff.

Fazit

Es ist gesund, viel Obst und Gemüse zu konsumieren. Wenn Sie sich allerdings ausschließlich von Rohkost ernähren möchten, sollten Sie darauf achten, alle Nährstoffe in ausreichender Form zu sich zu nehmen. Stimmen Sie mit einem Arzt ab, ob Sie einen Mangel eventuell mit Nahrungsergänzungsmitteln ausgleichen sollten.

Vor allem unterwegs ist es schwierig, sich an die vegane Rohkost zu halten. Daher ist es wichtig, immer gut vorbereitet zu sein und sich frisch zubereitete Snacks oder Mahlzeiten mitzunehmen.

Die Ernährung auf Basis veganer Rohkost ist der richtige Schritt zu einer gesunden Lebensweise. Empfohlen wird ein moderater Rohkostkonsum, bei dem Sie auch gekochtes Getreide und Hülsenfrüchte zu sich nehmen.

Warum die vegane Rohkost die perfekte Ernährung sein kann

Viele Menschen entscheiden sich heutzutage Vegetarier zu werden, da die Massentierhaltung negative Einflüsse auf die Umwelt hat. Andere haben Mitleid mit den Tieren oder können Fleisch einfach nicht mehr sehen, weil sie jahrelang zu viel davon konsumiert haben.

Einige von ihnen gehen den Schritt hin zum Veganer. Entweder es kommen Unverträglichkeiten gegenüber Milchprodukte hinzu oder sie erkennen, dass nicht nur die reine Schlachtung ein Grund für die Massentierhaltung ist. In den USA gibt es spezielle vegane Rohkost-Abteilungen in Bio-Supermärkten. Rohköstler fühlen sich fitter, potenter und kräftiger. Sie spüren genau, welche Stoffe ihr Körper braucht und welche sie ihm nicht zuführen müssen.

Es ist immer wichtig, sich über vegane Rohkost genau zu informieren, um keine Mangelerscheinungen zu bekommen. Lassen Sie Ihre Werte regelmäßig kontrollieren, da eine zu geringe Zufuhr von Calcium erst Jahre später negative Auswirkungen haben kann. In der Schwangerschaft und Stillzeit sollten Sie sich nicht vegan ernähren. Außerdem ist eine vegane Ernährung bei Babys und Kleinkindern nicht zu empfehlen, da ihnen in der Wachstumszeit Eiweiß fehlen könnte. Kinder haben einen hohen Kalorien- und Nährstoffbedarf.

Getrunken werden können frisches Quellwasser, Kräuterwasser oder ungesüßte Tees, seltener frisch gepresste Obst- und Gemüsesäfte.

Es dauert sicher eine gewisse Zeit, bis Sie sich darauf eingestellt haben, sich von veganer Rohkost zu ernähren. Es gibt sowohl Gerichte, bei denen die Zubereitung nur wenige Minuten dauert, als auch welche, die mit einer Planung verbunden sind. Dazu gehören Pizzaböden, die aus Gemüse, Buchweizenkeimen und Sonnenblumenkernen bestehen, Cracker und auch Fruchtleder. Fruchtleder ist ein püriertes und getrocknetes Obst, aus dem Süßspeisen oder Snacks hergestellt werden. Da der Trockenvorgang mindestens zehn Stunden dauert, können Sie nicht kurzfristig entscheiden, eine Pizza zu machen. Sie können allerdings größere Mengen im Voraus produzieren, da Pizzaböden, Cracker und Fruchtleder einige Monate halten. Wenn Sie nicht so einen großen Aufwand betreiben möchten, können Sie Pasta auch schnell aus Zucchini herstellen und sie mit einer pürierten Tomatensauce essen.

Spezielle Geräte, die sehr teuer in der Anschaffung sind, werden nicht zwangsläufig benötigt. Ein Mixer ist allerdings von Vorteil, da damit sowohl Smoothies als auch Soßen oder Blumenkohlreis hergestellt werden können. Mit einem V-Hobel können Sie sich sehr viel Zeit ersparen. Überlegen Sie sich genau, was Sie wirklich benötigen. Ein Dörrautomat muss nicht gleich zu Beginn angeschafft werden, Sie können auch im Backofen dörren.

Auch exotische Lebensmittel sind teurer als regionale und saisonale. Wenn Sie sich aber länger mit der veganen Rohkost beschäftigt haben, werden Sie sich bewusst ernähren und hochwertige Lebensmittel in kleineren Mengen einsetzen. Dies ist somit deutlich günstiger als wenn Sie sich herkömmlich ernähren. Wenn Sie auf regionale und saisonale Produkte setzen und sie selbst anbauen oder in der Region ernten, benötigen Sie nur ein kleines Budget. Achten Sie aber unbedingt darauf, dass die Lebensmittel qualitativ hochwertig sind.

Wenn Sie gerne einmal ein Gericht ausprobieren wollen und Hunger auf eine Speise haben, die nicht hundertprozentig aus veganer Rohkost besteht, tun Sie dies gerne. Ein hoher Rohkost-Anteil wird jedem guttun, da Sie ein gutes Körpergefühl entwickeln werden und neue Geschmackswelten entdecken. Nicht für jeden ist allerdings eine komplette roh-vegane Ernährung etwas. Hören Sie daher immer auf Ihren Körper.

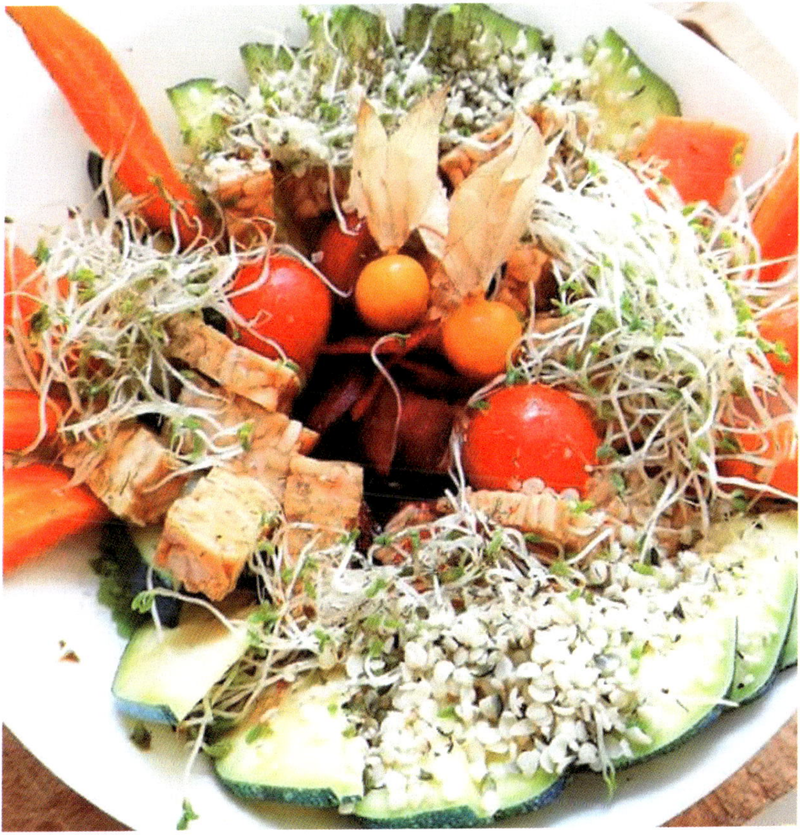

Studie vegane Rohkost

An der Justus-Liebig-Universität in Gießen wurde eine Studie an 201 Männern und Frauen zwischen 25 bis 64 Jahren zur veganen Rohkost über ein Jahr durchgeführt. Die Probanden waren körperlich aktiv und hatten ein hohes Gesundheitsbewusstsein.

Die Rohköstler tranken durchschnittlich weniger als einen Liter und konnten dennoch die Empfehlung von der Konsumierung von 2,5 Liter Flüssigkeit erfüllen, weil sie viele wasserhaltige Lebensmittel verzehrten. Die Nahrung bestand zu zwei Drittel aus Obst und einem Viertel aus Gemüse und Hülsenfrüchten, die restlichen Bestandteile lagen bei ein bis anderthalb Prozent und können vernachlässigt werden.

Die Versorgung mit Nährstoffen erfolgt fast komplett über Obst und Gemüse, so dass zu wenig von den Vitaminen D, B2, B12 und Niacin sowie den Mineralstoffen Jod, Kalzium und Zink aufgenommen wird. Mit den Vitaminen B1, B6 und ß-Carotin sind sie dagegen ausreichend versorgt.

Die meisten Rohköstler haben ein niedriges Körpergewicht, dennoch liegt ihr BMI im Normbereich.

Die Rohköstler beziehen die Proteine aus Obst, Gemüse, Nüssen und Samen, die Zufuhr ist allerdings unzureichend. Sie liegt nur in den empfohlenen Parametern, weil diese allgemein sehr niedrig angesetzt sind. Der Gesamtproteinstatus wird dadurch beeinflusst, wie lange schon vegane

Rohkost konsumiert wird. Dieser Wert bildet am ehesten einen Indikator für eine eventuelle Mangelernährung.

Insgesamt wird eine reine Rohkost-Ernährung nicht empfohlen, dies gilt vor allem für Schwangere, Frauen, die stillen, Kinder und Menschen höheren Alters.

Hier beantworten wir noch einige Fragen, ob die Rohkosternährung gesund ist.

Kann es durch Rohkost-Ernährung zu Blähungen kommen?

Am Anfang der Rohkosternährung kann Rohkost-Ernährung zu Blähungen führen. Der Grund dafür liegt daran, dass die Darmflora sich erst auf die neuen Nahrungsmittel einstellen muss. Bis die Umstellung abgeschlossen ist, kann es zu Blähungen kommen. Dies ist allerdings bei jeder Ernährungsumstellung der Fall. Danach sollte dies nur noch vorkommen, sofern sie eine Fruktose-Intoleranz haben.

Enthält Rohkost Bakterien?

Bei vielen Reisenden gilt der Grundsatz *„Cook it, peal it, wash it or forget it."* Das bedeutet nicht gleichzeitig, dass ungekochte Nahrung gesundheitsgefährdend ist. Das Obst und Gemüse sollte vor dem Verzehr gewaschen und alles hygienisch zubereitet werden. Dann ist das Risiko nicht höher als bei gekochten Speisen.

Rohkost als Diät?

Bei der Gießener Studie hatten 57 Prozent der Probanden Untergewicht. Im Laufe der Jahre verloren die Teilnehmer an Gewicht, bei den Männern waren es durchschnittlich zehn Kilogramm und bei den Frauen zwölf innerhalb von vier Jahren. Laut Statistik führt die Rohkost-Ernährung demnach zur Gewichtsabnahme, langfristig sollten Sie allerdings lieber generell Ihre Ernährung umstellen.

Ist die vegane Rohkosternährung ausgewogen?

Die energieliefernden Makronährstoffe Eiweiße, Kohlenhydrate und Fette können ausreichend durch Rohkost zugeführt werden. Zu einer ausgewogenen Ernährung gehören allerdings auch Mikronährstoffe für den Stoffwechsel. Dazu gehören Mineralstoffe, Vitamine, Spurenelemente und sekundäre Pflanzenstoffe. Mit diesen Stoffen werden Rohköstler nicht ausreichend versorgt. Auf eine ausgewogene Ernährung müssen aber auch Menschen achten, die ihr Essen kochen. Integrieren Sie einen hohen Teil an veganer Rohkost in Ihre Ernährung, aber konsumieren Sie es nicht ausschließlich.

Rezeptteil

Frühstück

Rohkost-Winterpudding

Zutaten (1 Portion)

Eine kernlose große Dattel

Eine kleine Banane

Eine große Pflaume ohne Kern

Ein Esslöffel Samen, z.B. Chiasamen

Ein Esslöffel Rosinen

Ein Teelöffel Mehl

250 Milliliter Mandelmilch

Eine Messerspitze gemahlenen Zimt

Zubereitung

Die Arbeitszeit beträgt zehn Minuten und die Ruhezeit sechs Stunden.

Stückeln Sie die Datteln, die Banane und die Pflaume und geben Sie die Zutaten zusammen mit den Chiasamen, den Rosinen, dem Mehl und dem Zimt in eine Schüssel. Gießen Sie die Mandelmilch darüber und verrühren Sie alles. Stellen Sie den Pudding mindestens zwei Stunden in den Kühlschrank.

Himbeer-Buchweizen-Rohkost-Brei (2 Portionen)

Zutaten

200 Gramm nicht geröstete Buchweizenkerne

Ein Esslöffel Essig oder Zitronensaft

Eine halbe Vanilleschote

Ein halber Teelöffel Kardamom

275 Gramm Himbeeren

Ein Esslöffel Ahornsirup, Honig oder Agavensirup

Zubereitung

Die Arbeitszeit beträgt ca. 15 Minuten und die Ruhezeit ca. acht Stunden.

Weichen Sie den Buchweizen über Nacht in lauwarmem Wasser mit dem Essig oder Zitronensaft ein. Lasse Sie den Buchweizen morgens abtropfen. Zerkleinern Sie die Himbeeren fein und mischen Sie es mit dem Honig o.ä. Mischen Sie zehn Prozent der Himbeeren mit dem Buchweizen und den übrigen Zutaten, außer den Hanfsamen. Zermahlen Sie alles und füllen Sie den Teig und die restlichen Himbeeren in Schichten in eine Glasschale. Dekorieren Sie die obere Schicht der Himbeeren.

Veganer Rohkost Chia-Pudding

Zutaten (2 Portionen)

Ein halber Liter Wasser

Drei Esslöffel Chiasamen

Ein Teelöffel Kakao

Zubereitung

Verrühren Sie die Chiasamen und den Kakao mit dem Wasser. Verteilen Sie die Masse auf zwei Schüsseln und lassen Sie diese mindestens zwei Stunden stehen. Je länger die Masse steht, desto fester wird der Pudding. Sie können den Pudding noch nach Bedarf mit Obst dekorieren.

Bananen-Knuspermüsli

Zutaten (1 Portion)

50 Gramm gekeimte Buchweizen

Eine reife Banane

50 Gramm Nüsse

50 Gramm gekeimte Sonnenblumenkerne

30 Gramm Cranberries oder andere getrocknete Früchte

Zubereitung

Die Arbeitszeit beträgt ungefähr 15 Minuten.

Weichen Sie zwei Tage vor der Zubereitung die Sonnenblumenkerne einen halben Tag in Wasser ein. Spülen Sie die Kerne und füllen Sie diese in ein Keimglas. Spülen Sie auch die Buchweizen ab und füllen Sie diese in ein Keimglas. Legen Sie einen Tag vor der Zubereitung die Nüsse in Wasser ein.

Mahlen Sie am Tag der Zubereitung die Nüsse mit der Banane. Geben Sie darein die Sonnenblumenkerne, Buchweizen und Trockenfrüchte. Streichen Sie die Masse auf ein Backblech und backen Sie es bei 50 Grad, bis die Masse knusprig ist. Es kann als Riegel oder Müsli gegessen werden.

Frischkornbrei mit Kombucha (1 Portion)

Zutaten

Ein Esslöffel Weizen oder Kamut

Ein Esslöffel Roggen

Zwei Teelöffel Buchweizen, ein wenig Kombucha

Ein Esslöffel Dinkel

Ein Teelöffel Zimt oder Kardamom

Zwei Teelöffel ungeschwefelte Rosinen

Eine Karotte

Ein Apfel

Ein Esslöffel Dicksaft

Ein Teelöffel Öl

Fünf Haselnüsse oder Mandeln

Zubereitung

Die Arbeitszeit beträgt etwa fünf Minuten und die Ruhezeit acht Stunden.

Schroten Sie am Vorabend Roggen, Buchweizen, Dinkel sowie den Weizen oder Kamut. Gießen Sie über die Zutaten so viel Kombucha, bis alles leicht bedeckt ist und lassen Sie es über Nacht quellen.

Bedecken Sie die Rosinen sowie Haselnusskerne oder Mandeln mit Wasser und lassen Sie es auch über Nacht stehen. Lassen Sie am Morgen die Rosinen und Nüsse abtropfen.

Reiben Sie den Apfel und die Karotte und mischen Sie diese zusammen mit dem Dicksaft, den Gewürzen und dem Öl unter das Getreide. Richten Sie es auf einem Teller an und geben Sie die Nüsse und Rosinen, und nach Bedarf Obst, darüber.

Green Cooler

Zutaten

Eine Gurke

Zwei Limetten

Vier süßliche Äpfel

Zubereitung

Die Arbeitszeit beträgt etwa zehn Minuten.

Pressen Sie die Äpfel und die Gurke aus und rühren Sie den Limettensaft sofort unter. Verrühren Sie alles und servieren Sie es sofort.

Hauptmahlzeiten

Bangkok Roh-Thai

Zutaten

75 Gramm gelbe oder rote Paprika

100 Gramm Shii-Take Pilze

50 Gramm Mungbohnen-Sprosse

50 Gramm Auberginen

30 Gramm Cashew-Nüsse

2 Bananen

20 Gramm Lauch

200 Milliliter Kokosmilch

Eine Zehe Knoblauch

Einen Chili

Ein Teelöffel Kurkuma

Zwei Esslöffel Olivenöl

Salz

Zubereitung

Die Arbeitszeit beträgt 30 Minuten.

Für das Gemüse schneiden Sie die Auberginen, Shiitake und Paprika in dünne Streifen und geben Sie diese in eine Schüssel. Geben Sie die Mungbohnen-

Sprossen dazu. Schälen Sie anschließend die Bananen, schneiden Sie diese in dünne Scheiben und geben Sie die Stücke ebenso in die Schüssel.

Für die Soße schälen Sie die Knoblauchzehe und geben Sie sie in einen Mixer. Geben Sie ein Viertel der Kokosmilch, Lauch, Cashew-Nüsse, Kurkuma und Öl dazu. Pürieren Sie die Masse und geben Sie die restliche Kokosmilch hinzu. Mixen Sie solange weiter, bis die Soße mittel- bis dickflüssig ist.

Geben Sie die Soße über das Gemüse und rühren Sie gut um.

Rohe gefüllte Paprika

Zutaten

150 Mungbohnen-Sprossen

Zwei große rote oder gelbe Paprika

100 Gramm getrocknete Tomaten

100 Gramm frische Tomaten

Zwei Knoblauchzehen

Einen halben Chili

Zwei Esslöffel Olivenöl

Fünf Blätter Basilikum

Vier Esslöffel Sojasoße

Salz

Zubereitung

Die Arbeitszeit beträgt 30 Minuten.

Entfernen Sie das Innere der Paprika. Vierteln Sie die Tomaten und entfernen Sie die Flüssigkeit. Pürieren Sie zwei Drittel der frischen Tomaten und die ganzen getrockneten Tomaten mit der Sojasoße, Chili und Öl, bis daraus eine Soße entstanden ist. Schälen Sie die Knoblauchzehen und geben Sie diese gepresst in die Tomatensoße. Rühren Sie die Soße gut um und stellen Sie die Hälfte der Soße beiseite. Hacken Sie die Mungbohnen-Sprossen in kleine Stücke und geben Sie die Hälfte davon in die Tomatensoße. Würfeln Sie die restliche Tomate und geben Sie die Hälfte davon in die Soße. Rühren Sie alles um und füllen Sie die Soße in die Paprikaschoten. Geben Sie die Schoten auf einen Teller und gießen Sie die restliche Tomatensoße darüber.

Karottenknödel

Zutaten

Ein großer Apfel

250 Gramm Karotten

50 Gramm Kräuter

75 Gramm Sonnenblumenkerne

50 Milliliter stilles Wasser

Zwei Esslöffel Olivenöl

Salz

Zubereitung

Die Arbeitszeit beträgt 30 Minuten und die Trockendauer sechs Stunden.

Pürieren Sie die Sonnenblumenkerne mit Öl, Salz und Wasser, bis die Mischung dickflüssig ist. Reiben Sie die Karotten und den Apfel fein in eine Schüssel und geben Sie die gehackten Kräuter dazu. Geben Sie die pürierte Masse hinzu und kneten Sie so lange, bis die Masse teigartig ist. Formen Sie daraus die Knödel.

Spinat-Rahmchampignons

Zutaten

100 Gramm Blattspinat

250 Gramm Champignons

Eine halbe Lauchzwiebel

Vier Esslöffel Olivenöl

Salz, Pfeffer

Rahmsoße

150 Milliliter stilles Wasser

30 Gramm Sonnenblumenkerne

Ganze Pfefferkörner

Zwei Esslöffel Olivenöl

Salz, Pfeffer

Zubereitung

Die Arbeitszeit beträgt dreißig Minuten bis eine Stunde.

Bürsten Sie die Champignons, schneiden Sie diese in feine Scheiben und geben Sie die Champignons in eine Schüssel. Entfernen Sie die Stiele des Spinats und schneiden Sie ihn grob. Schneiden Sie den Lauch in feine Streifen und geben Sie diese zum Spinat. Geben Sie das Öl hinzu und würzen Sie mit Salz und Pfeffer. Geben Sie die die Hälfte der Rahmsoße in ein Trinkglas und fügen Sie Wasser dazu. Mischen Sie die verdünnte Soße mit den Champignons. Lasse Sie die Soße mindestens eine Stunde stehen und rühren Sie gelegentlich um.

Pürieren Sie die kompletten Zutaten für die Rahmsoße, außer der Hälfte des Wassers, zu einer glatten Soße, bis sie mitteldick ist. Geben Sie einen Viertel Bund klein geschnittene Petersilie in die Soße und schmecken Sie diese mit Salz, Pfeffer und Pfefferkörnern ab.

Richten Sie die Champignons auf einem Teller an, geben Sie die Rahmsoße darüber und bestreuen Sie diese mit bunten Pfefferkörnern.

Karottenpuffer

Zutaten

100 Gramm Sonnenblumenkerne

250 Gramm Karotten

Zwei Frühlingszwiebeln

50 Gramm Petersilie

100 Milliliter stilles Wasser

Zwei Esslöffel Olivenöl

Salz

Zubereitung

Die Arbeitszeit beträgt eine halbe bis eine Stunde.

Geben Sie die Sonnenblumenkerne, das Öl, Wasser und Salz in einen Mixer und pürieren Sie alles solange, bis die Masse eine dickflüssige Konsistenz erreicht hat. Reiben Sie die Karotten in eine Rührschüssel und geben Sie die kleingeschnittene Petersilie und Frühlingszwiebeln hinzu. Geben Sie die Soße darüber und kneten Sie es durch. Formen Sie daraus die Puffer und trocknen Sie diese mindestens drei Stunden. Wenden Sie die Puffer gelegentlich.

Pastinakenpuffer

Zutaten

100 Gramm Sonnenblumenkerne

250 Gramm Pastinaken

Zwei Frühlingszwiebeln

50 Gramm Petersilie

100 Milliliter stilles Wasser

Zwei Esslöffel Olivenöl

Salz

Zubereitung

Die Arbeitszeit beträgt 30 Minuten plus drei Stunden Ruhezeit.

Geben Sie die Sonnenblumenkerne, das Öl, Wasser und Salz in einen Mixer und pürieren Sie die Zutaten bis eine dickflüssige Konsistenz entsteht. Reiben Sie die Pastinaken in eine Rührschüssel und geben Sie die kleingeschnittene Petersilie und Frühlingszwiebeln hinzu. Geben Sie die Soße darüber und kneten Sie es durch. Formen Sie daraus die Puffer und dörren Sie diese bei 40 Grad. Trocknen Sie die Puffer mindestens drei Stunden. Wenden Sie die Puffer gelegentlich.

Zwischenmahlzeit

Nuss-Dattel-Kugeln

Zutaten

50 Gramm Cashewkerne

50 Gramm Mandeln

200 Gramm steinfreie Datteln

Zwei Esslöffel Kokosöl

Zubereitung

Die Vorbereitungszeit beträgt zwei Minuten und die Zubereitung zehn Minuten.

Zerkleinern Sie die Mandeln und Cashewkerne und geben Sie diese in eine Schüssel. Zerkleinern Sie ebenfalls die Datteln mit dem Kokosöl. Verkneten Sie alles und formen Sie aus der Masse Kugeln.

Bunter Gemüsesalat mit Leinsamenknäcke

Zutaten (Zwei Portionen)

100 Milliliter Wasser

100 Gramm Leinsamen

Eine kleine Zucchini

Eine kleine Gurke

Eine kleine gelbe und rote Paprika

Zwei rote Zwiebeln

Zwei Strauchtomaten

Ein kleines Bund Frühlingszwiebeln

Ein Bund Radieschen

Petersilie

Basilikum

50 Milliliter Olivenöl

50 Milliliter Rapsöl

Der Saft zweier Zitronen

Salz, Pfeffer

Zubereitung

Die Vorbereitungszeit beträgt 40 Minuten und die Zubereitungszeit eine Stunde.

Verrühren Sie die Leinsamen mit etwas Salz und Wasser und lassen Sie es eine Stunde quellen. Bereiten Sie den Salat vor, kurz bevor die Zeit vorüber ist. Pressen Sie die Zitronen aus und fügen Sie die Öle, Salz sowie Pfeffer hinzu und verrühren alles, bis die Konsistenz cremig ist. Geben Sie die gehackten Kräuter und die in Ringe geschnittenen Frühlingszwiebeln in die Salatsauce. Anschließend geben Sie die in Würfel geschnittene rote Zwiebel und Zucchini hinzu und rühren Sie kräftig um. Danach schneiden Sie die Radieschen, die Salatgurke und die Paprika in Würfel und rühren wieder um. Zum Schluss heben Sie die gewürfelten Tomaten unter.

Heizen Sie den Backofen auf 180 Grad Ober- und Unterhitze oder 160 Grad Umluft vor. Platzieren Sie die Leinsamen in sechs gleichgroße Häufchen auf ein Backpapier und formen sie wie Knäckebrote. Backen Sie das Ganze 15 bis 20 Minuten und lassen Sie die Knäckebrote danach im warmen Ofen austrocknen. Danach können Sie die Knäckebrote zusammen mit dem Salat verzehren.

Vegane Gebratene Gemüsestäbchen

Zutaten (Zwei Portionen)

Ein halber Teelöffel Salz

70 Gramm Kichererbsenmehl

300 Milliliter Wasser

Kurkuma

Eine große Frühlingszwiebel

Öl

Eine kleine rote Paprika

Zwei Knoblauchzehen

Drei Esslöffel Weizenmehl

Salz, Pfeffer

Zubereitung

Die Vorbereitungszeit beträgt 20 Minuten und die Zubereitungszeit ebenfalls 20 Minuten.

Schneiden Sie zuerst die Frühlingszwiebel in Ringe und würfeln Sie die Paprikaschote. Hacken Sie anschließend die Knoblauchzehen. Mixen Sie Kurkuma, Kichererbsenmehl, Wasser und Meersalz, bis keine Klümpchen mehr vorhanden sind. Geben Sie ein wenig Öl, die Frühlingszwiebeln, die Paprika und den Knoblauch in eine heiße Pfanne und dünsten Sie das Gemüse. Sobald das Gemüse weich ist, geben Sie den Kichererbsenteig hinzu, bis der Teig eindickt und leicht glasig wird. Nach fünf Minuten drücken Sie die Masse in eine hitzebeständige Schale, wickeln Sie den Teig in eine Folie und warten Sie bis er abgekühlt ist. Zerteilen Sie dann die Masse in gleichgroße Stäbchen.

Mischen Sie Mehl mit Wasser und mixen Sie es in einem tiefen Teller zu einem zähflüssigen Teig. Pfeffern und salzen Sie die Mischung. Geben Sie auf einen weiteren Teller Paniermehl. Wenden Sie die Stäbchen erst in dem Mehlteig und danach im Paniermehl und braten Sie diese in einer Pfanne aus.

Vegane Pizzabällchen

Zubereitung

Die Vorbereitungszeit und Arbeitszeit betragen jeweils zwanzig Minuten.

Zutaten (25 Bällchen)

Eine halbe rote Paprika

Zwei mittelgroße Tomaten

Zwei Knoblauchzehen

Eine Frühlingszwiebel

Zwei Teelöffel Paprikapulver

Basilikum

Ein halber Teelöffel Knoblauchgranulat

Zwei Teelöffel Oregano

Zwei Esslöffel Hefeflocken

Ein Esslöffel Tomatenmark

30 Gramm Haferflocken

Ein Esslöffel Olivenöl

Salz, Pfeffer

Zubereitung

Die Vorbereitungszeit dauert zwanzig Minuten, ebenso die Arbeitszeit.

Schneiden Sie die Zwiebel, den Knoblauch und Basilikum klein und geben Sie die Zutaten in eine Schüssel. Geben Sie anschließend das Tomatenmark und die Gewürze hinzu und verrühren Sie alles. Schmecken Sie die Masse mit Salz und Pfeffer ab und geben Sie das Olivenöl hinzu. Rühren Sie danach noch einmal alles durch. Geben Sie die Haferflocken hinzu, bis der Teig fest. Rollen Sie die Bällchen und schon sind sie fertig.

Vegane Rohkost Erdbeer Kokosbällchen

Zutaten (16 Bällchen)

100 Gramm Erdbeeren

200 Gramm Kokosraspel

Vanille nach Bedarf

Zubereitung

Die Vorbereitungszeit und die Zubereitungszeit betragen jeweils 15 Minuten.

Mahlen Sie die Kokosraspel in einem Mixer ein wenig feiner. Mixen Sie anschließend die Erdbeeren, bis sie cremig sind. Mischen Sie beide Zutaten, formen Sie daraus Bällchen und stellen Sie diese kühl.

Vegane frische Sommerrollen

Zutaten (10 Rollen)

Ein Paket Glasnudeln

10 Blatt Reispapier

Eine Frühlingszwiebel

Sechs Blätter Kopfsalat

Eine Salatgurke

Eine kleine Möhre

Ein Champignon

Eine Snackgurke

Eine rote Paprika

Ein Radieschen

100 Gramm Räuchertofu

Zubereitung

Die Vorbereitungszeit beträgt 30 Minuten und die Arbeitszeit ebenfalls 30 Minuten.

Übergießen Sie die Glasnudeln in einer Schale mit heißem Wasser. Decken Sie die Schale ab und lassen Sie es höchstens zehn Minuten quellen. Gießen Sie die Nudeln in ein Sieb und spülen Sie diese mit kaltem Wasser ab.

Entfernen Sie das Mittelstück von den Salatblättern und schneiden Sie den Kopfsalat in vier Teile. Nehmen Sie die Hälfte des Tofu und schneiden Sie ihn in dünne Scheiben. Schneiden Sie das Radieschen und den Champignon in Scheiben, das Grün der Frühlingszwiebel in Ringe und den Rest in Streifen, die Paprika schneiden Sie ebenso in Streifen.

Geben Sie auf Ihre leicht gewässerte Arbeitsfläche ein Blatt Reispapier und bestreichen Sie es mit Wasser. Geben Sie darauf das Gemüse, außer die Frühlingszwiebelringe und die Glasnudeln, und rollen Sie das Papier ein. Geben Sie über die Seiten die Frühlingszwiebelringe und eine Scheibe Tofu hinzu. Rollen Sie diese Zutaten mit ein und richten Sie die Sommerrollen auf einen Teller an.

Nachtisch

Veganer Schokoladenpudding

Zutaten (Zwei Portionen)

Zwei Esslöffel Kakaopulver

Eine Avocado

Ein Teelöffel Macapulver

Eine Banane

100 Milliliter Wasser

Ein Esslöffel Agavendicksaft

Obst nach Belieben

Zubereitung

Pürieren Sie alle Zutaten, bis eine zarte Creme entsteht. Wenn Sie mögen, können Sie noch ein bisschen Agavendicksaft hinzufügen und den Pudding mit Obst und Hanfsamen dekorieren.

Selbstgemachte rohvegane Pralinen

Zutaten (15 bis 20 Kugeln)

Fünf Esslöffel Rohkakaopulver

300 Gramm ganze oder geriebene Haselnüsse

Fünf bis acht Esslöffel Reissirup oder Kokosblütensirup

Eine Prise Vanillepulver

Fünf Esslöffel Mandelmilch

Eine Prise Salz

Für die Glasur

Zwei bis drei Esslöffel Kokosöl

Fünf Esslöffel Rohkakaopulver

Zwei Esslöffel Reissirup

Ein paar Esslöffel ganze und gehackte Haselnüsse

Zubereitung

Die Zubereitungszeit beträgt fünf Minuten und die Kochzeit zehn Minuten.

Zerkleinern Sie für die Füllung Haselnüsse in einem Mixer oder verwenden Sie bereits geriebene. Fügen Sie alle anderen Zutaten hinzu und mixen Sie solange, bis die Masse zusammenklebt. Schaben Sie die Masse immer wieder mit einem Teigspachtel von den Seiten und mixen Sie erneut gut durch. Formen Sie anschließend kleine Kugeln aus der Masse und geben Sie eine Haselnuss in die Mitte. Stellen Sie die Kugeln anschließend in den Kühlschrank, damit sie fest werden. Während die Kugeln im Kühlschrank sind, schmelzen Sie das Kokosöl und verrühren Sie es mit dem Rohkakaopulver und dem Reissirup, bis eine durchscheinende dicke Glasur entstanden ist. Glasieren Sie damit die fest gewordenen Kugeln und wälzen Sie diese in den gehackten Haselnüssen. Stellen Sie danach die Kugeln noch einmal zum Festigen in den Kühlschrank.

Quellenangaben

https://vebu.de/veggie-fakten/ernaehrungsformen/rohkost/

https://www.wir-essen-gesund.de/vegane-rohkost-einfuehrung/

https://www.stern.de/genuss/trends/rohkost--warum-sich-diese-frau-roh-vegan-ernaehrt-6772168.html

https://utopia.de/ratgeber/rohkost-ernaehrung/

https://www.chefkoch.de/rs/s0/rohkost+frühstück/Rezepte.html

http://rohkost-rezepte-wp.testserver7.de/rohkost-hauptgerichte/

https://www.chefkoch.de/rs/s0/vegan+zwischendurch/Rezepte.html

www.mehr-als-rohkost.de/fingerfood/

https://info.lifefood24.de/details/recipe/schokopudding.html

https://www.uni-giessen.de/fbz/fb09/institute/ernaehrungswissenschaft/prof/nutr-ecol/veroeff/voeff-epid/dissstrassner

https://www.veganblatt.com/rezept-rohvegane-ferrero-rocher

Impressum und Haftungsausschluss

© Autor Mag. Marion Martinello-Gedlicka 2018

1. Auflage

Alle Rechte vorbehalten.

Nachdruck, auch auszugsweise, verboten.

Kein Teil dieses Werkes darf ohne schriftlich Genehmigung des Autors in irgendeiner Form

reproduziert, vervielfältigt oder verbreitet werden.

Kontakt: Mag. Marion Martinello-Gedlicka, Schiffmühlenstrasse 50, A- 1220 Wien

Covergestaltung Bylisa Designe

Alle Fotos von Sonja Ariel von Staden
www.sonja-ariel.com

Haftungsansprüche gegen den Autor, welche sich auf Schäden materieller oder ideeller Art beziehen, die durch die Nutzung oder Nichtnutzung der dargebotenen Informationen bzw. durch die Nutzung fehlerhafter und unvollständiger Informationen verursacht wurden, sind grundsätzlich ausgeschlossen.

spirit & soul
sonja ariel von staden

kunst & inspiration für herz & seele

Bilder - Seminare - Energiepräsente
www.sonja-ariel.com

Printed in Poland
by Amazon Fulfillment
Poland Sp. z o.o., Wrocław